मेरे देखने सुनन मे

काव्य संग्रह

वेद

Copyright © Ved
All Rights Reserved.

ISBN 979-888569345-5

माँ को सादर समर्पित

क्रम-सूची

क्रम-सूची

क्रम-सूची

क्रम-सूची

क्रम-सूची

भूमिका

नमस्कार,

मेरी यह पहली काव्य संग्रह है। इस कथा संग्रह में मैंने अपने अनेक प्रश्नों, इच्छाओं और भावनाओं को काव्यात्मक ढंग से संग्रहित किया है। कविताओं में प्रायः दार्शनिक विचारों को ही समाहित किया गया है। अतः संक्षेप में व्यक्त की गईं भावनाओं की विशाल शिला को उठाने (समझने) का भार आप पर रख कर मैं तो चला...

आमुख

प्रायः एक दिन वह वक्त आता है जब अपने आस-पास के वातावरण से ऊब जाते हैं। ज़ाहिर है ऐसे स्थिति की पुनरावृत्ति के पश्चात उस अनंत की खोज और शून्य की यात्रा प्रारम्भ कर देते हैं। इस दुनिया के होने और नहीं होने के बीच में हमारा क्षण भंगुर जीवन हमें बहुत कुछ देता और दिया हुआ वापस ले लेता है। अंततः एक स्थिति यह भी होती है जब हम चाहते हैं सब कुछ जान लें और इस जानने की यात्रा का निष्कर्ष अंततः यही होता है कि उसको जान लिया तो कुछ बचा ही नहीं। और यह अनंत अर्थात शून्य जो सवाल उत्पन्न करता है और उन सवालों के जो जवाब सुझाता है वह आपको संतोषजनक लगे न लगे पर आपकी दृष्टि अवश्य बदल कर रख देता है। मेरी अधिकांश कविताएं इन्हीं सवालों-जवाबों का हिस्सा हैं।

1. जल

जल हूँ जल में दिखता क्यों हूँ?
लहरों संग हूँ डरता क्यों हूँ?
मैं ख़ुद मंज़िल कारवाँ का मेरी
चलते चलते रुकता क्यों हूँ?
मंज़िल से चला मंज़िल के लिए
तूफां में अधजला दिया लिए,
रेत की रेत पर मैं लकीर सा
जब हूँ ही नहीं मिटता क्यों हूँ?
हर पल मेरा अनमोल मगर
पल-पल जाने क्या ढूँढ रहा,
जीवित हूँ जीवन-स्वप्न में मैं
क्यों ज़िन्दा हूँ? मरता क्यों हूँ?
अब बात आख़िरी कहता हूँ
मुझे मेरी ज़रूत है ही नहीं
मैं तेरी ज़रूरत हूँ पहले
सच से सच मैं कहता क्यों हूँ?

2. तेज चली है

• जब पहली बार पके बाल दिखे दाढ़ियों में
जब स्कूल जाते बच्चों ने मुझे अंकल कहा तो ऐसा
लगा
ज़िन्दगी बहुत तेज चली है....
एक दिन जिन उंगलियों को थामे हम टॉफ़ी,
आईसक्रीम लेने जाते थे
जब उन उंगलियों को किसी नन्हीं उंगलियों ने थामा
तो लगा
ज़िन्दगी बहुत तेज चली है....
मेहमान मिठाई लाता तो छुप-छुप कर डब्बा खत्म कर
देते थे
आज एक ही मिठाई का चौथा हिस्सा खाकर उठे तो
लगा
ज़िन्दगी बहुत तेज चली है....
उस दिन जिस पतंग के लिए घंटो रोये थे
आज वो पतंग मेरे पैरों के नीचे से गुज़री तो लगा
ज़िन्दगी बहुत तेज चली है....
बड़ों से जो बातें सुन कर बड़े हुए वही
जब किसी को कहना पड़ा तो लगा
ज़िन्दगी बहुत तेज चली है....

वेद

जिनकी गोदियों में खेलकर बड़े हो गए
जब उन्हें कन्धा दिया तो लगा
ज़िन्दगी बहुत तेज़ चली है....
मैं हमेशा आगे बढ़ता रहा कभी खुश कभी दुःख
मेरी रफ़्तार बेशक़ बहुत तेज थी पर क़सम से
ज़िन्दगी बहुत तेज चली है....

3. वो मीठी धुन

काश अमर मैं हो जाऊँ
खुद को लिख कर बस सो जाऊँ
सब पढ़ें, सुनें और याद करें
ऐसी इक कविता हो जाऊँ।

मैं चलूँ हवा के साथ साथ
बारिश की बूँद मैं बन जाऊँ
जब रात कभी रोने को हो
मैं गीत खुशी का हो जाऊँ।
मैं आया हूँ कुछ पल के लिए
जाना भी तय है जाऊँगा
लेकिन सुर-लय में बंध कर के
एक मीठी धुन में खो जाऊँ।
सब करें प्यार और चाहें भी
मैं रोज़ की पहली ज़रूरत हूँ
मुझे मिले ठिकाना वहाँ जहाँ
मैं सबका ठिकाना हो जाऊँ।
मैं चला मुसाफ़िर कारवाँ ले
सब छूटा अब मैं अकेला हूँ
पर खुश हूँ मैं चलता ही गया
जब रुकूँ तो मंज़िल हो जाऊँ।

4. मेरे भीतर राहत हूँ

मैं मेरे भीतर रहता हूँ
खुद कहता हूँ और सुनता हूँ
मैं मेरे भीतर रहता हूँ
कुछ सूरज चाँद सितारे हैं
इक नदी के दो किनारे हैं
मैं खुद पतवार व नौका हूँ
धारा के संग संग बहता हूँ
मैं मेरे भीतर रहता हूँ
भटकता रहा मैं ज़माने में
इक उम्र लगी यहाँ आने में
मैं दर्द हूँ घाव का खुद मेरे
तब कहता था अब सहता हूँ
मैं मेरे भीतर रहता हूँ।

5. मेला

वो मेला आया आज फ़िर है
वो कहानी दुहराना आज फ़िर है
सब ने घर से पैसे जुटा लिए
मैंने भी अपने ज़ोर आजमा लिए
पापा की तनख्वाह अभी आयी नहीं
आँचल में दादी ने गाँठ बनाई नहीं
दादा के कुर्ते में कुछ मिला नहीं
और किसी से मुझे कोई गिला नहीं
एक और बची उम्मीद मेरी माँ है
आज तक उसने कहा नहीं कभी ना है
मैं माँ से माँगने चला तो जा रहा था
भगवान से भी कुछ भनभना रहा था
हे भगवान हमे 10रुपये मिल जाते
तो हम सारे खिलौने-मिठाई ले आते
2 रुपये और उसका हिसाब मिल गया
रखने के लिए फ़टा जेब भी सिल गया
क्या लेंगे क्या खाएंगे सोच रहे थे
अपने ही हाथ से खुद आँसू पोछ रहे थे
कुछ दोस्तों ने सारा मेला ही ले लिया
हरे चश्मे से मैंने दुनिया को हरा किया
न जाने वो चश्मा टूट कैसे गया
और वो मेला मुझसे छूट कैसे गया

वेद

वो मेला आया आज फ़िर है
वो कहानी दुहराना आज फ़िर है।

6. पंछी

वो नटखटपन, वो शैतानी

कोई हवा हो जैसे तूफ़ानी

उसके बातों में जैसे हो

दुनिया इक बिल्कुल अनजानी

वो जो चाहे वो कर जाए

दुनिया चाहे जिधर जाए

उसकी बक बक बक बक से

हर कोई र जाए

वो दिल की लेकिन साफ़ बहुत

ज़िन्दगी से नहीं शिकायत है

वो मददगार इंसानों की

शैतान के लिए क़यामत है

उसमें स्त्री के गुण भी हैं

और मर्दानों की ताक़त भी

वो ख़ुद कल्पना, ख़ुद की है

है सोच की सत्य हक़ीक़त भी

उसको कोई परवाह नहीं

कोई कहता है क्या सुनता है

उसका मन स्वप्न जगत में नित

इक नई कहानी बुनता है

वो कौन है कैसी दिखती है

क्या करती, कहाँ वो रहती है

वेद

वो है आज की इक लड़कीसोचे किध
वही करती है जो कहती है।

7. एक और कविता

मैं एक कविता और लिखता हूँ
कविता के लिए मेरी अपनी कविता
यूँ तो वो मेरे बहुत क़रीब है
पर मैं उसे दूर ही रखता हूँ
मैं उससे बात नहीं करता
पर वो अक़्सर कुछ कहती है
मैं उसे फ़ुरसत में याद करता हूँ
वो मुझे हर वक़्त याद करती है
वो मुझसे कुछ कहना चाहती है
मैं उसे सुन नहीं पाता अक़्सर
न जाने कैसा रिश्ता है हमारे बीच
मैं जैसे लिखता हूँ वो वैसी ही होती है
पर मैं अक़्सर उसके जैसा नहीं होता
मैं उससे प्यार नहीं करता
पर उससे नफ़रत होगी ही नहीं
वो मुझसे मिलों दूर है
पर मुझे बुलाकर मिलने का
एक भी मौका नहीं छोड़ती।
वो कविता है मेरी अपनी कविता।

8. वो पगडंडी

इक पगडंडी गाँव से मेरे
मुझको स्कूल ले जाती थी
थी पतली सी पर दूर दूर
हर किसी को ही ले जाती थी
हर रोज़ ही हम दादा के संग
बाज़ार को जाया करते थे
उस पगडंडी के किनारे हम
सपनों को उगाया करते थे
मुझे याद है उस पगडंडी से
जब आख़िरी बार मैं गुज़रा था
उस पगडंडी की मिट्टी पर
एक निशाँ छोड़ कर गुज़रा था
मैं ढूंढ रहा वो निशाँ कहीं
वो पगडंडी और सपने मेरे
एक शान्त लीक पर साइकिल की
घंटियां बजाते अपने मेरे
अब लीक नहीं दिखती है कहीं
न लीक पर चलने वाले हैं
आज़ाद परों से उड़ने को
तैयार युवा मतवाले हैं

9. शब्द और भाव

इज को इज़, सादी को शादी
मोमोज को मोमोज़ होने में
उतना ही वक़्त लगा जितना
एक ठूँठ को हरा होने में लगता
असल में हमारे वर्णमाला में श,ष,स
स होते हैं बिना किसी भेद भाव के
मैं, तुम, मेरा,तेरा की जगह सब
हमारा-आपका होता है खुले दिल से
हम बेवक़ूफ़ कहे जाते हैं शहर में
फ़िर भी न जाने क्यों चले आते हैं
असल में यहाँ हर कोई गाँव से ही है
लेकिन जो जितना पहले से है
वो उतना ही ज़्यादा शहरी है
मैं भी हो रहा हूँ धीरे-धीरे लगता है
आज फ़िर गाँव जो होकर आया हूँ
समय बदल रहा है लोग बदल रहे हैं
ऐसा न हो हम शब्दों के मेले में खोकर
अर्थ और भावना से नाता तोड़ बैठें।

10. सेम टू सेम

हम दोनों की मिलती-जुलती आदत थी
सच्ची हम दोनों एक जैसे थे सेम टू सेम
वो मेरी नहीं थी वो उसका नहीं था
वो उसे भूल न पाती मैं उसे भूल न पाता
वो उसे ख़ूब चाहती मैं उसे बेहद चाहता
फ़िर वो उसे भूलने लगी और मैं उसे
हम दोनों एक ही रास्ते पर थे
वो आगे आगे मैं उसके पीछे पीछे
एक दिन या तो वो उसे मिल जाएगा
या फ़िर वो मुझे मिल जाएगी
पर ऐसा हो ही नहीं सकता क्योंकि
हम दोनों एक जैसे हैं सेम टू सेम

11. इशारा

एक ख़ाली आसमान
चेहरे को चूमती हवायें
पत्तों की सरसराहट के
पीछे से ढलता सूरज
नदी की बहती धारा
साँसों की सरगम पर
धड़कन की ताल
इक इशारा सा है
तेरे आसपास होने का।

12. मुसाफ़िर

मैं मुसाफ़िर हूँ मेरी मंज़िल का
मेरी मंज़िल भी मुसाफ़िर है
वो आगे-आगे चलती गयी
मैं पीछे-पीछे चलाता गया
वो रुकी नहीं बढ़ती ही गयी
मैं भी न रुका बढ़ता ही गया
मैं कहता रहा रुक जा इक पल
चलना है वहीं तो साथ में चल
ज़िद्दी थी वो रुकती क्यों भला
मन उसके लिए ज़िद्दी हो चला?
गर बात है पाक मोहब्बत की
न मैं काफ़िर हूँ न वो काफ़िर है
मैं मुसाफ़िर हूँ मेरी मंज़िल का
मेरी मंज़िल भी मुसाफ़िर है

13. मकर संक्रांति

झाड़ू की दो सीकें निकाल कर
अखबार का एक पन्ना फाड़कर
पके चावल की गोंद बनाकर
सुई-धागे का डब्बा चुरा कर
दादा जी का निर्देशन लेकर
दादी से बेहिसाब गालियां सुनकर
हम अपने हाथों से पतंग बनाकर
मम्मी का ज़बरदस्ती नहलाना
चावल-तिल, का दान करवाना
खिचड़ी न खाने की जब क़सम खाई
हुई मम्मी के हाथ ज़बरदस्त कुटाई
फिर दही और चूड़े की मस्त लाई
आसमान में उड़ती मेरी एक पतंग
याद आते हैं उस लम्हें के ख़ूबसूरत रंग
ज़िन्दगी की पतंग में पूँछ सपनों की
भगवान तक पहुँचती संदेश अपनों की
ज़िन्दगी हवावों को चीर आसमाँ में उड़े
और बेफ़िक्र हम ज़मीन पर खड़े
ज़िन्दगी की डोर को छत से लगाकर
सो जाते थे हम इक आस जगाकर
और वो वहीं रहती थी जहाँ छोड़ा था
वो वहीं है कहीं हमने ही मुँह मोड़ा था।

14. मैंने देखा

मैंने देखा उसे हमेशा मेरे आसपास
जब भी मैं ख़ुद को देख पाया
वो मुझे अनायास ही दिखी है
मैंने उससे कोई लड़ाई नहीं की
कभी कोई प्रतियोगिता नहीं की
उसे अपना कहना अजीब लगता है
वो है क्यों कि मैं हूँ मेरा वजूद है
मैं ध्यान दूँ न दूँ वो हर कहीं मौजूद है
मैं उसको पकड़ने की कोशिश करता
मगर वो बहुत ज़्यादा मेरी है पहले से
वो परछाई है मेरी मूक बेजान दोस्त
जो कहती कुछ नहीं सुनती सब है।
कभी नहीं पूछती सवाल कोई मुझसे
वो मेरे साथ है बेवजह बेशर्त जीवन भर

15. नज़र आती है

एक सागर है भीतर
विचारों से जलमग्न
ऊपर चंचल लहरें
दूर कहीं गहराई में
ज़मीन पर पड़ी तेरी
यादों की तस्वीरें हैं
जब कभी सतही लहरें
शान्त हो जाती हैं
मझे जल की पारदर्शिता
वो तस्वीर दिखाती है।
कभी वो तस्वीर पास थी
अब दूर होती नज़र आती है।

16. भ्रांति

एकान्त हृदय में दूर-दूर,
पसरी हुई तुम शान्ति हो।
तुम हो मूरत सुन्दरता की,
तुम श्वेत सत्य की कान्ति हो।मैं बंजर भूमि हूँ वर्षों से,
जिसकी तुम हरितक्रान्ति हो।
जिससे जीवन अवरूद्ध हुआ,
तुम वो इकलौती भ्रान्ति हो।

17. मुझे ख़बर नहीं

इक सुरंग में मैं चला जा रहा
न जाने किधर न जाने कहाँ
मेरे पिया मुझे तुम आन मिलो
मैं ढूँढ रहा तुम्हें जहाँ तहाँ
मुझे ख़बर नहीं मैं हूँ कहाँ
अब और कहाँ तक जाना है
तुम बिन मेरा है कोई नहीं
सब कुछ तुमको ही माना है
अन्तर की मार्ग पर निकल पड़ा
अब आन मिलो बस आज यहाँ
तू सब में है ये लगता है
कोइ नीन्द में कैसे जगता है
कोई फ़िक्र नहीं परवाह नहीं
फ़िर ये कैसी सजगता है
अब उड़ चला जाने मैं कहाँ
तूँ दिखना वहीं रौशनी हो जहाँ
मेरे पिया मुझे तुम आन मिलो
मैं ढूँढ रहा तुम्हें जहाँ तहाँ

18. यात्रा

यात्रा चाहें किसी की हो
अंतर की या बाहर की।।
अकारण हो या कारण की
शब्द की हो या आख़र की।।
एकान्त में हो या शोर में
घनी रात या भोर में।।
नर की हो या नारी की
व्यापार और व्यापारी की।।

कोई आएगा और जाएगा
कुछ खोएगा कुछ पायेगा।।
ये चलती ही चली जानी है
जैसे के कोई कहानी है।।
हम तुम हैं अभी कल न होंगे
जो प्रश्न हैं कल वो हल होंगे।।

19. अजीब सा लगता है

हवाओं की सरसराहट में
अधखिली सुबह की धूप में
भीड़ में भी अकेला होना
बड़ा अजीब सा लगता है।
क्यों नज़रों को दिखने लगा
झूठ और सच के आरपार
जान कर के भी अंजान होना
बड़ा अजीब सा लगता है।
जवाब मुश्किल सवालों के
दिए ख़ामोश होने तक
सब जान के ख़ामोश होना
बड़ा अजीब सा लगता है।
नहीं चाहता हूँ फ़िर भी
सोचता हूँ न जाने क्यों
जाने से पहले बिछड़ना
बड़ा अजीब सा लगता है।

20. स्वप्न के भीतर

स्वप्न के भीतर आये
फिर द्वार बन्द हो गए,
काली रात हुई,
सन्नाटा पसरा,
दिया बुझ गया।
अन्धेरे ने कानों में कहा
तुम इस आख़िरी
स्वप्न में हो,
अब ये बन्द द्वार
कभी नहीं खुलेगा।
और मैं जगा तो
धड़कन तेज़ थी,
मैंने स्पर्श कर के देखा
स्वप्न के बाहर तो था।
पर वह बन्द द्वार
सचमुच नहीं खुला।

21. चाभी

मेरे थैले में इक चाभी है,
मुझे पता नहीं किस ताले की,
किसी को भी नहीं पता कि,
वो चाभी किस की है आख़िर।
जिसकी भी हो मेरे थैले में क्यों?
और जब से वो थैला है तब से?
मैंने सोचा के उसे फ़ेंक दूं कहीं,
हाथ में लिया तो, थैले ने कहा!
इससे मेरी दोस्ती हो गई है।
फेंकने से ताला तो नहीं मिलेगा,
पर मेरी दोस्त ज़रूर खो जाएगी।

22. असल

असल में असल को समझना तो
हम आज भी नहीं चाहते,
सच को सच की तरह,
झूठ को झूठ की तरह अलग करना चाहते हैं,
पर इसकी वजह क्या है?
इस सवाल से दूर भागते हैं।

23. हूँ?

मैं ज़िन्दा हूँ?
मैं मरूँगा नहीं?
मरा ही कब था?
मैं जन्मा कब था?
मैं हूँ कौन?
मैं प्रश्न हूँ?
या उत्तर हूँ?
मैं कुछ हूँ भी?
या कुछ भी नहीं?
ये सारे सवाल क्यूँ?
और इसके जवाब भी?
भगवान् कण कण में है?
और सब मोह माया है?
ये इतना कठिन क्यूँ है?
और इसे आसान क्यूँ करना है?

24. जलता दिया

दिया जल रहा था, और तूफ़ान चल रहा था ।

किसी ने सोचा बुझ न जाए, घेर देती हूँ हाथ से।

उसने एक घेरा बनाया, दिए को बुझने से बचाया।

पर दिया कैसे रोकता ख़ुद को, पहला तूफ़ान था जीवन का।

दिया ने घेरा हटाने को कहा, कौन है जिससे मैं नहीं मिल सकता?

कम से कम देख भी नहीं सकता क्या? हाथ हटाओ।

पर हाथ हटा नहीं वो बुझने नहीं देना चाहती थी

दिया तो जानता भी नहीं जलने और बुझने का फ़र्क।

ज़िद्दी था प्रयास करने लगा और आख़िरकार घेरा हटा

तेज़ हवा का झोंका, दिए की कांपती लव चित्त हो कर उठी

थोड़ी डरी सहमी सी, शायद कहने वाली थी कि कोई बचा लो

पर अब सहारा था न ही कोई घेरा हाथों का

अब था सामना तूफ़ान के झोंको और दिए की हौसले से

दिये की क्या औकात जो चंद और पल टिक पाती

सिर्फ़ एक झोंका और अंधियारा पसर गया चारो ओर

तूफ़ान विजय पर ख़ुश हुआ इतराया हंसने लगा

पर दिए की हिम्मत और हौसले ने हवा का दिल जीत लिया।

25. चादर

एक चादर है मेरे पास
हो गई बहुत पुरानी है
दादा जी ही लाए थे उसे
पुरानी कह कर मंगाते उसे
बीच में तो रंग उड़ गए
पर किनारों पर कुछ बाकी थे
अब दादू दुनिया में नहीं रहे
ओसारे में उनकी तस्वीर है
तस्वीर में दादू के पीछे
जानी-पहचानी इक लकीर है
कथा, कविता, कहानी उनकी
सुनते-सुनते मेरा सो जाना
आज फ़िर दादू से मिलना है
मम्मी! वो पुरानी चादर लाना।

26. अशेष

अन्तिम चरण में था
शेष शून्य रह गया था
पर शून्य ने कहा
मैं अविभाज्य नहीं हूँ
मैंने ढूँढना चाहा
भाजक व भाज्य
और फिर दो और
शून्य की प्राप्ति हुई
अभी भी शून्य शेष है
और वही अशेष है।

27. मुक्ति

वो आता है भीतर से दरवाज़े तक कड़ी खटखटा कर, फ़िर
लौट जाता है
एक दरवाज़ा है, एक कुंडी बेहद कमज़ोर
जान से प्यारी, नाजुक, पुरानी
और पूरी ताकत से बंद है
कभी ज़ोर से आदमी
जब निकल जाना चाहता है
पर नहीं निकल पाता
कुंडी खुलेगी या दरवाज़ा टूटेगा
पर वो जो आदमी है निकल जाएगा ज़रूर
दरवाज़ा बेहद सुन्दर है लेकिन कुंडी पुरानी है
काश कुंडी और दरवाज़ा न होते
और काश वो आदमी भी
पर अफ़सोस ये सब हैं
जटिलता के साथ तीनों
एक दूसरे को रोकते हैं, और रोकेंगे
कई बार दरवाज़ा, कुंडी और आदमी एक दूसरे को
मुक्त कर देंगे पर पहले कौन का प्रश्न
जद्दोजहद का अंत मुक्ति
मुक्ति जद्दोजहद की वजह।

28. ज़िन्दगी

थोड़ी सी बची थी
एक अकेली थी
एक और भी थी
वैसी ही थोड़ी सी
वो भी बची हुई थी
एक दिन दोनों मिले
अनायास यूँ ही कहीं
अरे ये क्या भई
मिलकर दोनों और
थोड़ी लगने लगी थी,
अन्तर सिर्फ़ इतना था
पहले अधूरी थोड़ी थी
और अब पूरी थोड़ी है
'ज़िन्दगी' थोड़ी ही सही
पर अधूरी थोड़ी है।

29. बदला हूँ

थोड़ा सा बदला हूँ मैं

बस थोड़ा सा जनाब

जैसे मिठाई के ऊपर

शक्कर की दाने जितना

रास्ते में एक पत्थर

कम होने जितना और

सागर में चम्मच भर

नमक जितना जनाब

मैं बदल गया हूँ सही में

अन्धे के लिए ऐनक जितना

मैं थोड़ा सा बदला हूँ ज़रूर

ज़्यादा नहीं ज़रूरी जितना।

30. बात होने के पहले

बात होने के पहले
थोड़ी सी बात हुई थी
पुरानी बात को लेकर
फ़िर नयी बात हुई थी
बात की बात थी कुछ
कुछ तो बात हुई थी
किसी बात के लिए फ़िर
बेवजह मुलाकात हुई थी
बात ख़ुद मुलाकात के
थोड़ी देर बाद हुई थी
आख़िरी बात से पहले
जो मुलाकात हुई थी
बस वही आख़िरी एक
उनसे मुलाकात हुई थी।
बस इतनी ही उनसे मेरी
जाने अनजाने बात हुई थी।

31. कमी के लिए

एक दिशा जब दूसरे दिशा से
सन्नाटे में बात करते हैं तो
सन्नाटा और बढ़ जाता है
बगुला उड़ता हुआ उस सन्नाटे के
पार जाना चाहता है और
उसके पंख से उठती हवाओं
की लहरें उसे पुकारती हैं
कहीं दूर सूरज नींद से जगता है
और चांद अचानक देखता है कि
वो आज भी सोना भूल गया है
फिर एक कली खिल गयी है
कल जो खिली थी आज मुरझाई पड़ी है
पर सुगंध है उसकी हवाओं में
उसकी कमी है कमी के लिए

32. दूर जाते हैं

चलो फ़िर बहुत दूर जाते हैं।
बस कहते ही नहीं सच में हो आते हैं।
किसी से कहना कि जाना है कहीं
बड़ी मुश्किल होती है जाने में
इतने सारे सवाल, वजह, बात चीत।
कुछ कहे सुने बिना ही जाते हैं
जैसे हैं वैसे ही, बिना कुछ लिए जाते हैं
सच में कुछ भी नहीं बस एक चादर लेकर
कहीं भी किसी ओर निकल जाते हैं
जो मिलेगा खाएंगे, कहीं भी रहेंगे
कुछ ढूँढने को-खोने को होगा नहीं
बेवजह, बेनाम, बेपरवाह, अचानक
थोड़े दिन के लिए ही सही चलो एक बार
मरने से पहले ही स्वर्ग होकर आते हैं।

33. सब कुछ वैसा ही है

सब कुछ वैसा ही है
वही छोटी पत्तियां
वही तना और उसपर
काली पपड़ी भी है
डालियों पर मकड़ी के जाले
जालों में फंसी हैं सूखी पत्तियाँ
ओस की बूँदें जगह-जगह
पर इस पर एक भी आँवला नहीं है!
क्या कभी नहीं हुआ होगा?
हमने देखा नहीं है शायद इस लिए
संदेहवाद है? या यथार्थवाद?
जो भी हो आंवले के पेड़ पर
आँवला होना ज़रूरी है क्या ?
यदि आँवला नहीं हुआ तो?
उसे किस फल का पेड़ कहेंगे?

34. ख़्वाहिशें

ख़्वाहिशें पैदा हुईं
फ़िर चलने लगीं
कुछ-कुछ सुनकर
दुहराने भी लगीं
और फ़िर समझने भी
फ़िर बदलने लगीं
नक़ाब के ऊपर
नक़ाबों के ढेर पहने
ख़्वाहिशें बड़ी हुईं
और बढ़ते ही वो
धीरे-धीरे कमज़ोर
और बीमार होने लगीं
और एक दिन जब
मरने की हालत में थीं
तो मैंने पूछा उनसे
कोई आख़िरी ख़्वाहिश?
ख़्वाहिशों ने कहा
चुप कर भाई अभी भी
तेरी समझ में नहीं आया?

35. सुरंग

एक सुरंग है छोटी सी दरवाज़े में
बाहर की ओर देखने की ख़ातिर
लोग परिचित हों तो भी क्या हुआ
एक दफ़ा ज़रूर देखे जाते हैं, कौन?
आवाज़ से कान पहचान भी ले
तो आँखों को कान का भरोसा क्यूँ हो
यदि दोनों के बीच सामंजस्य बैठा
तब बंद दरवाज़ा खोला जाएगा हाँ
पहले जब सुरंग नहीं थी दरवाज़ा सदा खुला था
कोई भी आए-जाए रोक टोक नहीं था
आजकल जब कोई आता-जाता है नहीं
तो दरवाज़े की छोटी सुरंग हमेशा खुली रहती है।

36. जला दो

जला दो सबको, हाँ सबको जला दो
एक नयी दुनिया की, ज़रूरत है दुनिया में
सारी बंदिश, नियम, सीमाएं, मजहबें
जाति धर्म सबको जला दो
जो रोक रहा हो उसको भी
जो उकसा रहा हो उसको भी जला दो
सब कुछ जलने से, सब ख़त्म हो जाएगा
बुराई के साथ थोड़ी सी अच्छाई ख़त्म
झूठ के साथ सच, खूबसूरती के साथ गन्दगी भी
सब जला दो इस उम्मीद में
कि फ़िर जब इंसान जन्में
तो कोई भेद न हो, कोई झूठ न हो
न सीमाएं हों न जाति-धरम
सब नया होगा, सब अच्छा होगा,
यक़ीनन ऐसा अगर होगा?
समस्या मुक्त अगली दुनिया होगी?
तो पिछली को जलाना ही बेहतर है,
अब यह सब देखना-सुनना,
ज़िंदा जलने जैसा ही लगता है।

37. ज़रूरी है

कहना ज़रूरी है
और सुनना भी,
पर दोनों एक साथ
हो नहीं सकता,
बारी बारी से होगा,
बारी बारी से होना
समस्या भी है
और समाधान भी,
समस्या और समाधान भी
एक साथ नहीं होंगे,
हर समस्या का समाधान है
और समाधान एक समस्या भी
समाधान हर पहली
समस्या का अन्त है।
कोई समाधान अन्तिम नहीं।
कहना-सुनना, समस्या-समाधान
जीवन के लिए आवश्यक हैं,
आप स्वयं चयन करें, आपके लिए।

38. पूछो तो सही कहाँ है वो

पूछ तो सही कहाँ है वो
आधा ग्लास पानी का
जो तू छोड़ गई थी अपनी
आख़िरी मुलाक़ात पर
एक पतंग जो छूटकर
कहीं दूर चली गई थी
दो दिन में लेकर लौटा था
तेरे नहीं रोने की बात पर
वो सूखा पत्ता इज़हार का
कहाँ है जो मैं दे न सका तुझे
जो आँसू छलके थे तेरी आँखों में
मेरे मर जाने की बात पर
पूछ तो सही कहाँ है वो.....

39. मैंने लिख लिया है

आख़िर में जो कुछ कहना था
मैंने लिख दिया है डायरी में मेरे
उसका मुस्करा कर मुझसे मिलना
मैंने लिख दिया है डायरी में मेरे
आंसू देख कर मुझे गले लगाना
मैंने लिख दिया है डायरी में मेरे
उसका यूँ ही चुपचाप चले जाना
मैंने लिख दिया है डायरी में मेरे
उसके दिल में अब तक प्यार होना
मैंने लिख दिया है डायरी में मेरे
अब कभी नहीं कुछ भी है लिखना
मैंने लिख दिया है डायरी में मेरे

40. दिखते हैं

खिड़की से दिखते हैं ख़्वाब
खिड़की हक़ीक़त ज़रूर है
मगर ख़्वाबों में छुपी हक़ीक़त
खिड़की से दिखती नहीं
खिड़की बाहर देखने के लिए है
आने-जाने के लिए है दरवाज़ा
दरवाज़े से बाहर हक़ीक़त है
दरवाज़े से ख़्वाब दिखते नहीं
खिड़की-दरवाज़े दोनों चाहिए
कई बार खिड़की नहीं भी हो
पर दरवाज़ा हमेशा चाहिए
दरवाज़े से बाहर जाकर हक़ीक़त
और खिड़की साफ़ नज़र आते हैं।

41. जगा था

कोई पहली बार जगा था
सूरज पश्चिम में ढल रहा था
या पूरब में उदय हुआ था
पक्षी घर को जा रहे थे
या फिर घर से निकले थे
कुछ भी पता नहीं था उसे
कोई लेना देना भी नहीं था
नहीं पता सुबह थी या शाम
उसने किसी से पूछा भी नहीं
तभी अनजान बातों में प्रवेश होते ही
तटस्थता, आत्मज्ञान व बोध की
प्रक्रिया का हुआ सुव्यवस्थित अन्त।

42. राख होने को आए हो

राख होने को आए हो?
ज़रा ठहरो! कुछ राख
यहाँ पहले से पड़ी है,
उनको बहार देता हूं ।
तुम जल्दी में तो नहीं ?
मेरा रोज का काम है,
कोई न कोई आता है,
कभी कोई गरीब तो,
कभी कोई बहुत अमीर,
ज़ाहिर है राख होने आए हो,
पहली और आख़िरी बार।
चलो अब जगह बना दी है।
लकड़ियाँ बिछाकर जाओ,
नदी में आख़िरी स्नान करो।
हाँ अब तुम बिल्कुल तैयार हो
राख होने के लिए आजाओ।

43. क्या सवाल करूँ मैं

क्या सवाल करूं मैं, तू क्या मुझे बताएगा

इतनी सी बात के लिए लौट के क्यूं आएगा

दफ़्न तो कर गया लाश को मेरी मुझमें ही

क़त्ल और क़ातिल को बता कहाँ दफ़नाएगा

तेरे बारे में तू झूठ ही बोलेगा फ़ितरत है तेरी

मेरे बारे में किसको कितना सच बताएगा

इश्क़ को तैयार होंगे फिर नकाब ढेर सारे

इल्जाम-ए-क़त्ल तो आंखों में झलक जाएगा

रोना आसान है रोलूं और तुझे माफ़ न करूं

बददुआ देकर तुझे मुझसे जिया न जाएगा

तू ज़रूरी था ज़िंदगी के लिए जाने दे मगर

न था मालूम ख़ुद मौत भी बन के आएगा

44. आशा

गर सुन लेते बातें दिल की
तुम दिल से दिल की कहते ही
महफ़ूज़ मेरी साँसों में तुम
मेरे मरने तक तो रहते ही
मुझसे बेहतर चाहे तुमको
शायद हो सकता मुमकिन है
पर तेरे बिन जीना पल भर
मेरी ख़ातिर नामुमकिन है
यादों से भरे गुब्बारे को
मैं ख़ुद से बचाता रहता हूँ
तू मिलने आए ना आए
मैं दिया जलाए रखता हूँ

45. शून्य

शून्य टूटता है ।
पहली बार
फ़िर बार-बार, हर बार
शून्य आज भी
टूटा जा रहा है
वो शून्य एक है
एक को टूटना होगा
टूट के अनेक होने तक
और अनेक होकर भी
शून्य टूट ही रहा है
बिखरता जा रहा है
टूटना रुकेगा नहीं
जब तक टूटकर
शून्य न हो जाए
और शून्य!
फ़िर टूटेगा क्योंकि
शून्य टूटता है।

46. काल

वर्तमान है ये
बहुत ही भयानक
पर उतना नहीं
जितना भविष्य होगा
जिसने जलाकर समन्दर
उसे बुझाने के लिए
पानी के चन्द छींट मारे हैं
कल उन्हीं छींटों में
आग का गोला बनकर डूबेगा
एक नाव लकड़ी की
तैर तो सकती है पर
समन्दर रेत का है
जहाँ डूबना और तैरना
दोनों ही मुश्किल है
जूझना होगा हद के
अनहद हो जाने तक।
क्यों कि असम्भव
कुछ भी नहीं है।

47. उस ओर

प्रायः मैं उस ओर चला जाता हूँ
कभी किसी को ढूँढने के लिए
कभी आधे रास्ते तक के साथ को
संयोगवश अधिक संकरा मार्ग है
हर बार जाकर अकेला लौटता हूँ
मैं जीवित हूँ तो चल भी पड़ता हूँ
निराशा की घूँट से विश्वास का अन्त
पराजय को स्वीकारता आत्मसम्मान
दुःख की चिता पर दहकती एकाकी
कभी न लौटने वाला आरहा भविष्य
यद्यपि यूँही निकल पड़ना कष्टप्रद है
और न निकलना आत्महत्या करना
जीत-हार के मध्य एक पग असीमित
विषय की विजय के शयन हेतु अब
मात्र आशा की सूनी गोद भर बची है ।

48. ख़याल का बाज़ार

ख़याल के बाज़ार में
एक झोली सी है
मेरी कविता होली में
छोटी रंगोली सी है
सब कुछ छूटता है
ज़रूरी कुछ रखने में
शब्द काश हो समर्थ
भाव तौल सकने में
जब कभी बाज़ार में
निकलता हूँ सोचकर
झोलियाँ समेटता हूँ
झोलियों में खोजकर
कब बाज़ार सिमटेगा
कब ये झोली भरेगी
कबतलक सारे ख़याल
खुद बयान करेगी।

49. अब कुछ भी नहीं

बहुत बातें हैं लेकिन तुम्हें बताने जैसा अब कुछ भी नहीं
दिल इस तरह टूटा है के तुम्हें दिखाने जैसा अब कुछ भी
नहीं

पता हो न हो शायद तुम बिन मर रहा हूँ हर दिन हर पल
बेवजह आती-जाती सांसों को गिनाने जैसा अब कुछ भी
नहीं

आओगे कभी इधर इस लिए मैं मर के भी चुपचाप बैठा
रहा
राख ही राख है मत आना के जी जाने जैसा अब कुछ भी
नहीं

मैं मर तो जाऊँ बेवजह तुम्हारी ख़ुशी के लिए ख़ुशी-ख़ुशी
लेकिन क्या करूँ कि ममुझे मर जाने जैसा अब कुछ भी
नहीं

कुछ भी नहीं बस तुम ही तुम तो हो अन्दर से बाहर तक
क़ब्र से उठकर तुम्हें तुमसे ही मिलाने जैसा अब कुछ भी
नहीं

50. जरूरी है क्या

दिल की बात लिखनी थी,
मैं कुछ नया कैसे लिखता।
वही इश्क़ और मोहब्बत है,
वही ख़ुदा और इबादत है।
वही रिश्तों का टूटना है,
वही बिछड़ना, छूटना है।
वही बेबसी और मजबूरी है,
मर के भी जीना जरूरी है।
सच्च में ये जरूरी है क्या?
नया लिखना जरूरी है क्या?

51. बंद खिड़की के दरार से

बन्द खिड़की के बीच दरार से
वो मुझे कभी नहीं दिखते हैं
दरार में दुपट्टे का फंसा कोना,
अक्सर मुझे दिखता रहता है ।
खिड़की खुलती नहीं है ठीक से
कमबख़्त बंद भी नहीं होती पूरी?
दुपट्टा फंस जाता है इत्तफ़ाक से?
या फिर फंसना है ज़रा जरूरी?
खिड़की की ओर जब चलता हूँ
बढ़ने लगती क्यूँ और ये दूरी है
मोहब्बत तो यहाँ से वहाँ तक है,
पर खिड़की खुलने तक अधूरी है।

52. न आए हो न जाओगे

भीतर-बाहर दोनों, साथ-साथ में रहे हमेशा,
एक दूसरे से न दूर और ना कभी मिल सके,
दोनों के बीच में बात नहीं हो पायी कभी
ना ही दोनों की मुलाक़ात हो पायी कभी,
लड़ते रहे दोनों वजूद के लिए अपने-अपने
बुनते रहे दोनों चमकदार बेजान नश्वर सपने
बेख़बर नींद आयेगी दोनों सो जायेंगे इक दिन
पिंजरा खुलते ही कहीं खो जायेंगे इक दिन,
जबतक की लड़ाई है देखते रहना ज़रूरी है
पत्थर आसमाँ में तबतक फेंकते रहना ज़रूरी है।
कोई लेना-देना है नहीं परीन्दे का इस आसमाँ से
धरती-आसमाँ पूरा अलग है उसका इस जहाँ से
तुम्हारे होने से न हो, ना ही मिटाने से मिट पाओगे
उसको समझो-उसमें रहो, न आये हो न जाओगे।

53. कांटे और फूल

कांटे ढेर सारे थे
आपस में लड़-मर रहे थे
कभी रंग के लिए कभी रूप
और कभी जाति और धरम के लिए
कुरेद रहे थे जड़ों और तनों को
एक प्रहरी गुलाब का फूल सीमा पर
सबसे ऊपर चौकन्ना, सतर्क, तत्पर
दूर-दूर से आते-जाते दोस्त-दुश्मन
सब से निपटता, मुक़ाबला करता
लेकिन निचे सबका बहुत बुरा हाल था
कांटे एक दूसरे को काटते-दफन करते
खोखला करते ही जा रहे थे हर पल
एक दूसरे को खत्म करने की गन्दी साजिश
और फिर, एक सुबह फूल शहीद हो गया
ख़ुशी-ख़ुशी के काँटे की दुनिया सलामत रहे
फूल की शहादत पर काँटे रोये बुरी तरह
जैसे के किराये पर रोने के लिए आये हों
सब देखते हुए भी की क्या हालत है काँटों की
दूसरा फूल उसकी जगह ले चुका है तुरन्त।
इधर इंसानियत और फूल की माँ सिसक रहे हैं ।
खैर तुम्हें क्या ये किस्सा नया थोड़ी है भाई
सुनो हो सके तो एक तिरंगा आज भी फहरालो।

चाहें छोड़ो यार स्टेटस तो लगा ही दिया है ना?
अब बस एक काम करना 'ऐ मेरे वतन के लोगों'
गाना मत सुन लेना सच में रो पड़ोगे फूट कर।

54. मैं हूँ अभी

मैं हूँ अभी

ज़िन्दा हूँ गुज़र जाने तक

क़तरा-क़तरा मुसलसल

कैसे मरा हूँ घुट-घुट कर

तुम्हें सब कुछ बताने तक।

मैं हूँ अभी

सारी हदें आज़माने तक

कैसे ज़र्रा-ज़र्रा तुमने मुझे

बहा दिया मेरे ही सामने

आख़िरी ज़र्रा बहजाने तक।

मैं हूँ अभी

क़यामत के आ जाने तक

मुकम्मल ख़त्म हो जाने तक।

मैं मिटकर भी बाकी रहूँगा

तुम देखना मुझे मिट जाने तक।

मैं हूँ अभी

ज़िन्दा हूँ मेरे मर जाने तक।

55. स्वतः स्फूर्त

जो हुआ स्वतःस्फूर्त था
प्रत्यक्ष था पर अमूर्त था
न होने में था हो रहा
मिले बिना ही खो रहा

अबला विपक्ष के विचार सा
किसी बिन छपे अख़बार सा
मैं न जग सका यूँ सो गया
असीमित स्वप्न में खो गया

मैंने स्वप्न में अभिनय किया
जो कुछ किया सविनय किया
मैंने कहा कि ये फिर न हो
जो हो रहा वह फिर न हो
फिर लौट कर ना आ सकूँ
मैं जा रहा और जा सकूँ।

56. अच्छी कविता

अन्ततः प्रारम्भ हुई सबसे अच्छी कविता,
जिसे मैं पूर्ण कर सकने में सदैव असमर्थ हूँ।
पूर्णता मेरे कवि मन के लिए आवश्यक है,
असमर्थता मेरी उत्कृष्ट कविता प्रेम के लिए।
इस अन्तर्द्वन्द चक्रव्यूह में अज्ञानता स्वैच्छिक है,
समर्थता-पूर्णता, सामंजस्य पूर्णतः अनैच्छिक है।
निशा-दिवस सहर्ष उसके लिए जागृत रहूँगा,
मैं अनवरत इस निरन्तरता की कामना करूँगा।
यद्दपि मिलकर वो असीमित करुण स्वर में रोती है,
अधिकार से मौन प्रश्न मेरी गोद में रख सोती है।
उसकी पीड़ा को मेरी संवेदना गले से लगाती है।,
मेरी प्रिय अपूर्ण कविता मेरे साथ मुस्कुराती है ।

57. चुप रहूँगा

जब तुम सवाल करो तो
मैं चुप रहूँगा
तुम चुप रहना जब मैं
सवाल करूँगा
जब भी लगने लगे कि
दूर होने को हैं हम
तो तुम भी चुप रहना
मैं भी चुप रहूँगा।
हर सवाल और जवाब
दुहराये जा चुके हैं
सारे उम्मीद और तरीके
आजमाये जा चुके हैं
जिन पन्नों पर लिखा था
लौटने का रास्ता कभी
अफ़सोस के वो सारे पन्ने
जलाये जा चुके हैं ।

58. मेरी कहानी

कहानी मुकम्मल मेरी न हो सकी,
लेकिन मैं मुक्कम्मल कहानी में था।
इस अनकही-अनसुनी कहानी में
कुछ हिस्सों का होना न होना तय था।
तय था मेरा कहानी के कुछ अहम
हिस्सों में होते हुए भी नहीं हो सकना।
हर हिस्सा पूरा नहीं हो सकता था,
मगर कहानी पूरी हो सकती थी।
कई हिस्सों ने मुझे मार देना चाहा था
यद्यपि कहानी के लिए ज़रूरी न था।
मगर मेरा मौत को हरा देना सामने से
मेरी कहानी के लिए ज़रूरी था।

59. सन्नाटा भी कहता है

सन्नाटा मुस्कुराकर
कहता है चुप रहो
हमेशा की तरह बस
आज भी चुप रहो
तुम्हारा कुछ कहना
बहुत ज़रूरी तो नहीं
चाहो तो कह दो पर
बेहतर है के चुप रहो
जब तक प्रतिक्रियाएं
शान्त न हों चुप रहो
कोलाहल को कहने दो
तब तक ज़रा चुप रहो
वक्त तुम्हारा आयेगा तो
कह देना अभी चुप रहो

60. आसमान का टुकड़ा

आसमान के कोने से

एक टुकड़ा छोटा सा

काट कर मैं रख लुँगा

नीले रंग रुमाल जैसा

अगर वो खाली निकला

तो रात की दराज से मैं

थोड़े से टिमटिम तारे चुरा

उसके कोनों में जड़ दूँगा

जब सूरज को गर्मी लगेगी

तो उससे ही हवा करूँगा

कभी चाँद को शर्दी लगेगी

तो उसकी नाक साफ़ करूँगा

सागर में धुल दिया करूँगा

फिर हवा में सुखाया करूँगा

एक रात उससे चेहरा ढक

कर सो जाऊँगा मैं चुपचाप

सुबह जगा तो ठीक है वरना

उस रुमाल के बीचो-बीच

मेरा नाम लिख देना और

वहीं टाँक देना उस रुमाल को

जहाँ से मैंने काट कर लिया था।

61. तीसरी मंज़िल

तीसरी मंज़िल पर है,
मेरे बालकनी के पास वाली
सामने की कच्ची दिवार पर,
मुश्किल से दस पत्तों वाला
पीपल का एक नन्हा पौधा,
बड़े पीपल के सामने महज
एक छोटी सी टहनी सा,
अक्सर थोड़ी देर ही सही
वो मुझे ज़िन्दगी दिया करता है,
खुद हर दूसरे महीने जूझता है
ज़िन्दगी और मौत के बीच,
जड़ें बची रह जाती हैं दिवार पर
मैंने कटते हुए नहीं देखा कभी उसे,
पर शेष अस्तित्व को पनपते देखा है
उसने मुझे कभी उदास नहीं देखा है,
पर उदासी के बाद की हंसी को देखा है
मैं जब रोता हूँ तब वह होता ही नहीं
जब वह होता है, रोने की कोई वजह नहीं।

62. मात्र इतना

मैं मात्र इतना ही संवेदनशील और अच्छा हूँ
के जिस मकान को बनाने में पुस्तें खप गयीं
उसके हर कोने तक प्रतिदिन झाड़ू लगा सकता हूँ
हर महीने दरवाजे खिड़कियों को साफ़ कर सकता हूँ
दो-तीन महीने पर पंखे और झाले साफ़ कर सकता हूँ
मैं उस मकान के मूल में कभी नहीं जा सकता
मुझे नया मकान भी हरगिज़ नहीं चाहिए
अतिसंवेदनशील सदस्यों को नया मकान चाहिए
उन्हें इस मकान में हर प्रकार से दोष ही नज़र आता है
मैं असहाय उनकी बातें सुनता हूँ और मकान को
अन्दर-बाहर चारो तरफ से घूमकर देख भर लेता हूँ।

63. आसान था

उड़ना बड़ा आसान था
लेकिन मैं नहीं उड़ा
चलना बड़ा आसान था
लेकिन मैं नहीं चला
कहना बड़ा आसान था
लेकिन मैं चुप रहा
लड़ना बड़ा आसान था
लेकिन मैं नहीं लड़ा
जो होना था वही हुआ
मैंने कुछ भी नहीं किया
मैं जितना बेहतर हो सका
उससे भी कुछ ज़्यादा जिया ।

64. मैं मात्र

मैं मात्र इतना ही हिन्दू हो पाया कि
सिक्ख को सिक्ख, क्रिश्चियन को क्रिश्चियन,
मुसलमान को मुसलमान, जैन को जैन,
बौद्ध को बौद्ध तथा प्रत्येक धर्म के लोगों को
उनके अपने ही धर्म का धर्मपरायण इंसान लगा।
मैं मात्र इतना ही ब्राम्हण हो पाया कि
क्षत्रिय को क्षत्रिय, सूद्र को सूद्र,
यादव को यादव, कुम्हार को कुम्हार
इत्यादि प्रत्येक वर्ग के लोगों को
उनके अपने ही वर्ग का एक साधारण इंसान लगा।
मैं मात्र इतना ही संवेदनशील और अच्छा इंसान हुआ
के मैंने बिना भेदभाव सबको ख़ुश रखने की
तरक़ीब ढूँढने में अपना जीवन बिता दिया।

65. सब जानकार

तुम्हें स्वयं से मेरा होना तो लाज़मी था जो हुआ वो सब
जानकर।

कैसे बच गयी जब तुम्हें फेंक आया था कोई मरा हुआ
माननकर।

तुम्हारे बाप को तुम्हारे मासूम काँपते हुए होंठ क्यूँ नहीं
दिखे

उनको तुम्हारी अधखुली आँखों से बहते हुए आँसू क्यूँ नहीं
दिखे

बाप सचमुच इतना भी कमज़ोर और बेबस हो सकता है
क्या

कोई माँ अपनी बेटी को कूड़ेदान में फेंकने को दे सकती है
क्या

क्या ऐसे हज़ारों सवाल भी तुमको मुझसे दूर नहीं कर पाते

क्या तुम्हें परिणाम के पीछे खड़े हज़ार और कारण नहीं
दिख पाते

क्यूँ न तुम अपने लिए लड़का देख कर दहेज का इंतजाम
कर लो

छोड़ो मुझे समाज में आओ फिर वही हस्र और अंजाम कर
लो

बेटी दिवस पर उदास होकर यही सुनते-सुनते वो बेटी सो
गयी

घृणा यह कहते-कहते बेटी की बची कहानियों में खो गयी

।

66. तारीफ़ में तुम्हारी

तारीफ़ में तुम्हारी मैं कह देता ग़ज़लें हज़ार ,
गर मेरी तमाम उमें ना गुज़र जाती दीदार में।
चश्म में गर डूबता क्या पता लौटता के नहीं
इसलिए बैठा रहा मैं किनारे पर असरार में।
महताब टूट कर गिरे मिले ज़मीं पर मुझको
क्या करूँ के था बड़ा मज़ा इस इसरार में।
कभी तो तेरी आगोश में मेरी भी सुबह होगी
मैं अक्सर आँख बंद रखता था इंतज़ार में।
अब बयाँ करने को भला क्या बाक़ी था बचा
मैंने छुपा दी थीं सभी दास्ताँ-ए-मकाँ दरार में।
कुछ तो साजिश हुई के इश्क़ हिस्से में न था
मैं सब कुछ लुटा चुका था इश्क़ की दरकार में।
इक ज़माना हुआ मुझे जुर्म की सज़ा पाये
क्यूँ अब तक नाम छपता है मेरा अख़बार में।

67. निशान अच्छा होगा

कभी हमारी भी बातों से इत्तफ़ाक रखेगा कोई,
कोई तो बात अच्छी होगी कोई इंसान अच्छा होगा।
बेशक़ मेरे हिस्से में है जो वो मुझे मिलना ही है
कोई तो हुक़्म अच्छी होगी, कोई हुक़्मरान अच्छा होगा।
ज़िन्दगी दोड़ेगी तेज़ और बड़ी ऊँची उड़ान भर लेगी
कहीं तो धरती अच्छी होगी, कहीं आसमान अच्छा होगा।
तय है आज़ादी ज़िन्दगी से इस लिए बेफ़िक्र हूँ मैं
कोई तो सज़ा अच्छी होगी, कोई इम्तहान अच्छा होगा।
वो लाख सोचते रहेंगे मुझे भुलने की तरक़ीबें मगर
कोई तो याद अच्छी होगी, कोई निशान अच्छा होगा।

68. रेगिस्तान में रेट के टिले जैसा

रेगिस्तान में रेत के टिले जैसा था मैं
कभी इधर तो कभी उधर टहलता रहा
मैं इक मुकम्मल आधा अधूरा बुत था
इस ओर बना तो उस ओर बिगड़ता रहा ।।
मैं किसी से कुछ लेकर बड़ा न हो पाया
और मेरे पास देने के लिए कुछ भी था नहीं
आंधियों का रुख देखकर लग गया था कि
मेरे अलावा उनका कोई दुश्मन था नहीं ।।
मिटाने की हज़ार कोशिशों के बावजूद
मैं थोड़ा-थोड़ा करके कई हिस्सों में हूँ
कई अंजान चेहरों की सुबह-शाम में तो
दिलों में धुंधले हो रहे हज़ार किस्सों में हूँ ।।
मैं ख़ुद को रेत का महल अगर बना ही लेता
तो उसमें रहने भला मुसाफ़िर आता कौन?
लोग जहाँ ऊँट पर बैठकर घूमने को आते थे
वहाँ रहकर अपने पाँव भला जलाता कौन?

69. माँ

भीतर भयानक तुफान बसा कर
विवशता कुछ गुनगुना रही थी।
कोई बात नहीं भई सब ठीक है
न जाने किसको सुना रही थी।
दूसरी ओर ठहाके लगा कर
अतीत सारी कथा सुना रहा था।
भविष्य भी गुल्लक बजा कर
खुदरा अवसर गिना रहा था।
हौसला नकली पर बाँध रहा था
उम्मीद कोने में छुप के रो रही थी
तभी आँसुओं ने देखा ममता को
माँ फिर अच्छी क़िस्मत बो रही थी।

70. घर के जल जाने से पहले

गुज़रा हुआ दौर इतना बुरा था कि
उस दौर के यूँ गुज़र जाने की उम्मीद
अपने गुज़र जाने से पहले नहीं थी।
तबियत नासाज़ थी इत्तफ़ाकन दोनों की
पर हक़ीम के गुज़र जाने की उम्मीद
मरीज़ के गुज़र जाने से पहले नहीं थी।
तूफ़ाँ बहुतों को अपने साथ ले गुज़रा
पर्वतों के यूँ ही उखड़ जाने की उम्मीद
तूफ़ाँ के गुज़र जाने से पहले नहीं थी।
कुछ भी बचा सकूँ कोशिशें बेहद की
यूँ उम्मीदों के दफ़न हो जाने की उम्मीद
खुद के दफ़न हो जाने से पहले नहीं थी।
इक और सुबह हुई तो बेशक़ साज़िश होगी
रात के अचानक रौशन हो जाने की उम्मीद
अपने ही घर के जल जाने से पहले नहीं थी।

71. जाने क्यूँ और कहाँ

जाने क्यूँ और कहाँ को
नदियों ने रुख कर लिया,
न पर्वतों ने धक्का दिया
न सागर ने बाँह फैलाए।
कोई मंजिल नहीं थी तो
कोई परवाह भी नहीं थी,
वहीं रास्ते बनते गये थे
जिधर को चलते गये थे।
न जाने कितनों के राह में
अनायास हम आते गए,
जाने कितनों ने की हमारी
राह बदलने की कोशिश।
अच्छे बुरे दौर से होकर हम
इक सुनसान जगह पहुँचे हैं
लगता है कि यहीं से चले थे।

72. काव्य सरिता

शांत काव्य सरिता
पथिक को निहारती
पथिक कवि प्रतिदिन
आता जाता रहता
पथिक सरिता को जब भी
ऊपर से मुड़कर देखता
सरिता मुस्कुराते हुए
कहती, हे तथाकथित कवि!
निःसन्देह तुमसे बेहतर
तो वो मिस्त्री था,
जो मुझमें गोते लगाकर
तुम्हारे आने-जाने के लिए
एक सुविधाजनक
पुल का निर्माण कर गया।
तुम आजीवन तथाकथित कवि रहे
पर गलती से ही सही
एक बार के लिए मिस्त्री न हुए।

73. दो रंगों में

दो रंगों में रंगी हुई दुनिया मेरी
तुम्हारी सतरंगी मुस्कान का भार
बहुत मुश्किल से सम्भालती है।
तुम्हारे सियासी मैल की बद्बू
मेरे विचारों की चुल्लू भर पानी
को बहुत भद्दा व मैला बनाती है।
मैं चाहता हूँ तुम आओ शौक़ से
मगर ये होली फिर कभी न आये
एक बार आकर सालभर जलाती है।

74. क़द

क़द वालों ने ही बताया मुझे
के आपका क़द तो ज़्यादा है
क़द का तो मुझे पता नहीं था
ख़ैर जो भी है इस्तेमाल में है
हैराँ हूँ के सभी ऊँचे-नीचे
क़द वालों की नज़र में हूँ
सन्तोष है के कम से कम
मेरा क़द वस्त्रहीन नहीं है
क़द ज़मी पर हो तो बेहतर
मुझे यक़ीन है मेरे क़द पर
क़द वालों के बाज़ार से मैं
छाता और चप्पल लाऊँगा
आसमानी क़द वालों के शौच
और रास्ते पर पड़े शौच से
शायद ख़ुद को बचा पाऊँगा
क़द को क़लम करने के लिए
धारदार खंजर से बेहतर होगा
एक छाता और चप्पल ले लूँ।

75. निरंतरता

सन्देह की निरंतरता ने
प्रमाण की आवश्यकता को
पूर्णतः समाप्त कर दिया
अब अकारण ही समस्या है
समाधान है ही नहीं कहीं
और कर्म के लाभरहित मार्ग पर
ठहरा हुआ तथाकथित धर्मात्मा
गतिशील वाहनों को सन्देह घट से
जलपान कराने के ढोंग के पीछे
सड़क को कीचड़ युक्त कर के
हो रही निरंतर दुर्घटनाओं से
अपने दुविधा ग्रसित हृदय को
आनन्द प्राप्त कराने का
असफल प्रयत्न करता दिख रहा है।

76. एक तरफ़

तुम एक समय में एक तरफ़ हो सकते हो
ऐसा कह कर दोनों झट से अपनी ओर हो लिये
मैं भी किसी एक ओर हो सकता था मगर नहीं
विरोध के विद्रोही अंत से अच्छा था एकाकी
अतः ठहर गया एक मूक-वधीर अपराधी जैसा
कुछ नहीं होना भी बहुत कुछ होने का कारण है
मैं विरोधी न हो सका तो डरपोक सिद्ध हुआ
मेरे गुनाहों का दण्ड भविष्य की कोख में है
मैं उस दण्ड के लिये जीवित नहीं रहूँगा शायद
अतः मेरा दण्ड दिया जायेगा अगली पीढ़ी को
दण्ड देने वालों में वो दो लोगों की पीढ़ी होगी
जो अपनी ओर हो गये थे एक विशेष समय में
मुझे मालूम है दुनिया को चला रही पृथक पर
समान्तर गतिमान दो पहियों की धूरी मात्र हूँ
निश्चित ही दोनों पहिये घिस जायेंगे बुरी तरह
तटस्थता सर्वसम्मत से अपराध सिद्ध होगी
मैं मृत्युदण्ड से पूर्व ईश्वर से निवेदन करूँगा
पहियों के अलग होने से पूर्व सभी सवारियों
को सुरक्षित उतर जाने का संकेत देना प्रभु।

77. अब कुछ नहीं लिखना है

क़लम रखा तो तय किया
अब कुछ लिखना नहीं है
फिर यही बात लिखने लगा मैं
के अब कुछ भी लिखना नहीं है
मैं चला गया अतीत में जहाँ
पहली बार मैंने क़लम उठाया
तब आतुरता और अल्पवय शब्दों ने
मेरा भरसक पूरा साथ निभाया
शब्द अथाह हैं पर वह भाव नहीं अब
मैं दुनियादारी समझने लगा हूँ
मुझमें बच्चों सा स्वभाव नहीं अब
मैं चाहता हूँ के एक बार फिर
बच्चों की नज़र से दुनिया देखूँ
अगर कुछ बुरा भी लिखना हो तो
लेखनी साफ़ और सुन्दर ही रखूँ
बचपन की अबोध मासूम लेखनी ने
कब दुनियादारी सीखी कुछ पता नहीं
कृत्रिमता और दिखावेपन ने इसे कब
संवेदनहीन कर दिया कुछ पता नहीं।
एक बार फिर क़लम रखता हूँ

वेद

अब कुछ लिखना नहीं है
और फिर यही बात लिखने लगता हूँ
के अब कुछ लिखना नहीं है.........

78. कमज़ोर याददाश्त

मेरे पास बस एक क़मजोर सी याददाश्त हो
थोड़ा-बहुत जो अच्छा हुआ बस वही याद हो
बुरा भी हुआ, कोई बात नहीं भई होता ही है
मुस्कुरा दूँ सोच कर मैं बस वही कुछ याद हो
ज़िन्दगी कुछ अच्छा हो न हो कोई ग़म नहीं
ख़्वाहिश है कि मेरे साथ-साथ बस तुम रहो
और हो सके तो साथ कमज़ोर याददाश्त हो।

79. अपना ही था न

पहले-पहल हम अपने नाम को
पेपर में देख कर ख़ुश हो गये थे
तस्वीर चाहें जिसकी भी रही हो
मगर नाम तो मेरा अपना ही था न
पूरा गाँव घूम-घूम सबको दिखाया
माँ ने मुस्कुराते हुए कहा अरे वाह
एक दिन तस्वीर भी छपेगी देखना
उसकी आँखों ने देखा सपना था न
हाथ में पेपर लेकर मैं घर को चला हूँ
पेपर में नाम भी है और मेरी तस्वीर भी
ख़ुश वो टुकड़े भर सपने सहेज कर भी है
पर हक़ीक़त भी उन हाथों में रखना था न

80. इश्क़ की टपरी

बंद पड़ गयी इश्क़ की टपरी
बिखरे हैं कुल्हड़ इधर-उधर
अनगिनत दास्ताँ समेटे हुए
ख़ामोश पड़ गए हैं ज़मीं पर
भीतर इश्क़ की जमी हुई पपड़ी
कुल्हड़ से अब अलग क्या होगी
मोहब्बत जो हो गयी आख़िरी थी
दोबारा वो मोहब्बत भला क्या होगी
मैं इश्क़ और आशिक़ी की स्मृतियाँ
एक कुल्हड़ में सहेज कर रखुँगा
हर रोज़ बंद टपरी पर आने से बेहतर
घर बैठ दास्तान-ए-चुस्की लिखुँगा

81. किधर जाऊँ?

सामने समंदर है,
आसमाँ है और मैं।
थोड़ी देर और
बैठूँ? के घर जाऊँ?
फूटी हुई बाल्टी,
भरा हुआ समंदर,
तैरूँ समंदर में? या
बाल्टी में भर लाऊँ?
काश! के ये समंदर
मेरे घर का पता होता।
बड़ी कश्मकश में हूँ,
कहो मैं किधर जाऊँ?

82. चलते चलते

सोचता था के कभी
मैं राही हूँ चलते-चलते
कहीं तो मंज़िल मिल जायेगी
एक दिन मिलते-मिलते।
राह चुप्पी मार कर के
सुन रही थी गौर से
चल पड़ी है आज वो अब
बात ये सुनते-सुनते।
पड़ गया है पाँव फिर
मेरे ही क़दमों के निशाँ पर
याद आया आ गया हूँ
फिर वहीं चलते-चलते।
अब चलूँ के रुक जाऊँ
मैं सोचता हूँ दूर तक
बस यूँ ही ढल जायेगी
क्या उम्र ये ढलते-ढलते।

83. मैं ढूंढ रहा हूँ

मैं ढूँढ रहा हूँ,
पुराने पन्नों की
अनकही-अनसुनी
गुमशुदा कतरनें
मुझे बुलाती हैं
के नये सफ़े पर
दुबारा उन्हें लिखूँ
पर मैं ढूँढ रहा हूँ
नये सफ़े के लिए
एक नयी कतरन
फ़िलहाल सफ़े से
जो अलग नहीं है
वो एक कतरन
मैं ढूँढ रहा हूँ।

84. सीख रहा है

अभी ज़माना सीख रहा है
बाल की खाल निकालना
बाल की खाल निकालेगा
नंगेपन के पीछे नंगापन देख
बेहद हैरान होकर कहेगा
के कुछ खास तो हुआ नहीं
फिर बचे हुए लोथड़े को लेकर
हर तरफ़ बेसुध नाचेगा-घूमेगा
उसे छिले हुए जानवर दिखेंगे
मात्र नंगे बदन बिना बालों के
बाल का एक भी नमूना नहीं
ढेर सारे खाल व लोथड़े लिए
इंसान इंसानियत का अंत करेगा
और कहेगा ये तो होना ही था।

85. जान बहुत है

तुम सुन-सुन कर जो लिखने लगे हो दुःख ज़माने के
कभी आँख तो खोलो कतार में बेज़बान भी बहुत हैं।
ख़ामोशी चीख की आप तक न पहुंच रही हो शायद
आप घिरे हुए हैं जिससे वो मकां आलीशान बहुत है।
मैं ले नहीं जा सकता श्मशान तक अर्थी अपनी मगर
बिन जलावन के भीतर मेरे धधक रहे श्मशान बहुत हैं।
मैं जो लिख रहा हूँ वो लिखना महज लिखना भर है
मुझसे लाख बेहतर लिखने वालों के बंद दुकान बहुत हैं।
ये ऐसा दौर है कि जो साथ सब कुछ ले गया अपने
फिर भी मैं ज़िन्दा हूँ तो वाकई मुझमें जान बहुत है ।

86. मरूँगा जीवन भर

मैं चिता पर अपने तन को जलते हुए
बहुत गहरे तक महसूस कर पाता हूँ।
पिघलती हुई आँख की पुतलियों का
आखिरी उजाले से साक्षात्कार करना
मेरे कानों में आग की लपटों का शोर
जमे स्थिर रक्त का वाष्प होते जाना
स्वास नली में बदबूदार धुआँ भरना
मेरी भुनी हुई जिह्वा का स्वाद चखना
मेरी त्वचा पर छोटे-छोटे ढेरों बुलबुलों
का बनना-फूटना महसूस करता हूँ
यथार्थ मुझसे ज़्यादा दूर नहीं है अब
कुछ वर्ष,महीने,दिन,घण्टे या पलभर
मरा नहीं हूँ, रहा हूँ, मरूँगा जीवन भर।

87. हिलती दूब पर

हवा से हिलती दूब पर,
ठहरी हुई ओस की बूँद,
उस बूँद की शीतलता के
भीतर से झाँकता हुआ
धधकता लाल सूरज
मुझे उस बूँद जितना बड़ा
और उसमें दिख रहे
सूरज जितना छोटा होकर
बैठना है हिलते दूब पर।

88. मलाई और पत्थर

मलाई को बेशक़ मालूम था
के वह असल में पत्थर है।
अनगिनत कारणों से पत्थर
मलाई जैसा दिखता रहा।
पत्थर होना गलत तो है ही
तो मलाई दिखना उचित था।
दिखने और होने के बीच का
अंतर ज्यादा ही गलत लगा।
अतः अन्दर भी और बाहर भी
अब वह वापस से पत्थर है।
दिखने और होने का सामंजस्य
सुखद नहीं है पर सत्य है।

89. शब्द का समापन

अभिव्यक्ति बहुत सहज हो जायेगी
मौन सबकुछ कहने को पर्याप्त होगा
और शब्द बिल्कुल ही कम हो जाएंगे
कहे बिना ही लोग सब समझने लगेंगे
बिना किसी तर्क व शास्त्रार्थ किये ही
मूर्ख व विद्वान स्वयं सिद्ध हो जाएंगे
सुनने की परंपरा समाप्त होती जाएगी
कहने की बहुत कम बची रह जाएगी
ज्यादातर संकेत और इशारे ही बचेंगे
सारे शब्द धीरे-धीरे समाप्त हो जाएंगे

90. समय की सवारी

समय को समय की गाड़ी पर
लादे हुए दोनों लेकर जा रहे थे
अच्छा समय ठेला खींच रहा था
बुरा समय अच्छे समय पर लदा था
दोनों अच्छे बुरे को एक तरफ़ छोड़
एक दूसरे के साथ साथ चल रहे थे
समय दोनों का एक जैसा ही था
दोनों समय पर पहुँचना चाह रहे थे
समय दोनों के पास बहुत कम था।

91. वो झरोखा

घर के झरोखे से
दिखता है एक घर
मुझे नहीं दिखता
उसमें झरोखा मगर
कोई झाँकता होगा
शायद वहाँ से भी
हम मिलते भी होंगे
कहीं कभी न कभी
सोचता हूँ कि मैं कभी
उसके घर चला जाऊँ
उसको भी झरोखे से
झाँकता हुआ पाऊँ।
वो मुझे पहचान जाये
जैसे मैं उसे पहचानता हूँ
वो कहे आइये-आइये
मैं आपको जानता हूँ।

92. मेरे घर का सिरका

मेरे घर के सिरका, निमकी, अचार
और गुड़ अचार का अलग ही स्वाद है।
पड़ोसियों से तो बिल्कुल ही अलग।
मैं सीख लूँगा दादी से अचार बनाना
मैं बुज़ुर्ग होकर अचार ख़रीदने नहीं बल्कि
अचार के लिए मसाले ख़रीदने जाऊँगा।
मैं आम, नींबू, आँवले का पेड़ भी लगाऊँगा।
मुझे अपने बुज़ुर्गों जैसा बुज़ुर्ग होना है
वैसा बुज़ुर्ग न बना तो उन्हें क्या मुँह दिखाऊँगा।

93. भूल जाऊँगा

दुःख बहुत ही विशालकाय है
पर कभी-कभी दिखता नहीं
जब सामने से मुस्कुराते बौने
सुख के टिले आते दिखते हैं
मैं उन्हें गले से लगा लेता हूँ
हंसता हूँ और फिर रो देता हूँ
ये सब जहाँ हो रहा होता है
जहाँ से टिले आ रहे होते हैं
और जहाँ सब खत्म होता है
हर जगह दुःख मौजूद होता है
मैं तटस्थता के दरवाजे पर हूँ
एक दिन मैं भीतर भी जाऊँगा।
सुख व दुःख को गले मिलते देख
मैं यात्रा की थकान भूल जाऊँगा।

94. बचपन लेकर उतरूँगा

पापा के साइकिल की छोटी सीट
नानी की दी हुई वो छोटी लुटिया
रुमाल में दादी का बनाया गुड्डा
माँ के बुने हुऐ मेरे लाल कनटोप
दादा की बनायी हुई छोटी मचिया
मैं बड़ा हुआ और सब छोटे रह गये
शैतानी करने पर डराने के लिए
सब मुझे छज्जे पर बिठाया करते थे।
मैं डरता, रोने लगता तो उतारते।
एक दिन मैं फिर शैतानी करूँगा
और अबकी बार छज्जे से वो सारी
छोटी चीजें साथ लेकर उतरूँगा।
जिन्हें मैंने बड़े न होने की सज़ा दी है।

95. सील-बट्टे

तब सील बट्टे की खटर पटर में
गुस्सा और प्यार अलग-अलग
एक साथ महसूस हो सकते थे
प्यार की सुगंध व गुस्से की गंध
आपस में घुल मिल नहीं सके थे
दोनों एक साथ रहे अलग-अलग
एक सील-बट्टा बांटा नहीं जा सका
इसलिए आंगन में दीवार नहीं बनी
हो गए दो दरवाज़े, हो सकते थे।
सील-बट्टे की ख़ामोशी कहती है के
वो अलग-अलग ख़ामोश हैं बेचारे
दोनों ख़ामोशी से साथ रह सकते थे।

96. लुढ़कता हुआ

ढोलक जैसा आदमी
रास्ते में लुढ़क रहा था
वह बस यही कर सकता
इस लिए लुढ़क रहा था
लोग अपनी जरूरत पर
बजाते थे बिना कहे सुने
उसको उसकी लय-ताल
में बजना व थिरकना था
सबको अपनी ही पड़ी है
निहत्था और दिशा विहीन
चुपचाप लुढ़क रहा था।

97. वहाँ कोई नहीं था

रात रौशनी के बिना अच्छी थी
दिन में घनघोर अंधेरा नहीं था
सूरज-चांद दूर-दूर ही अच्छे थे
दोनों पूरे थे कोई अधूरा नहीं था
एक वक्त था जब शाम सुबह से
और सुबह शाम से मिला करते
दोनों मिलते थे पर न जाने कैसे
दोनों में से वहां कोई नहीं था।

98. कुल्हाड़ी और शाख

हद-ए-इंतज़ार की शाख पर
फिसलती हुई सी उम्मीद
मजबूती से थामे रखती है
हाथ ज़िंदगी का
उसे मालूम नहीं शायद
के हर कुल्हाड़ी को
अपना काम बखूबी आता है।

99. तैरती नाव

इससे पहले के ये पेड़ चल पड़ें
मैं थोड़ा रुक जाता हूं छांव में।
शहरी धूप जला न दे सबकुछ
देखने चला जाता हूं गांव में।
मैं नाचता भी हूं और डर भी है
बंधे हैं घुंघरू मगर एक पांव में।
यूं तो मेरे अन्दर आंधियां भी हैं
बैठी हुई एकांत तैरती नाव में।

100. इंतज़ार न हुआ

थोड़ी देर और मुझसे इंतज़ार न हुआ
जैसा हो सकता था वैसा प्यार न हुआ।
ज़रा ताख़ीर से बात समझ आई मुझे
आख़िर क्यूं उन्हें मेरा ऐतबार न हुआ।।
कोई था जो उनकी मुकद्दर में था वहां
मेरे आगे मुझे किसीका दीदार न हुआ।
मैं उस महफ़िल में तन्हा अकेला न था
और थे जिनका चर्चा बेशुमार न हुआ।।
कुछ इस तरह हक़ेम ने मर्ज बताया था
तीर तो लग गया मगर आरपार न हुआ।
मरीज़ हूं या होने वाला हूं मैंने पूछा तो
उसने कहा हां पर मुझे इकरार न हुआ।
अब तो ज़िन्दगी में वो नहीं तो कुछ नहीं
मुझसे कहने भर का भी इसरार न हुआ।

101. नई कविता

नई कविता,
पुरानी जैसी,
पुरानी होने को
लिखी गई,
नई कविता
नई थी पर,
दूसरी वाली
अभी आयेगी,
इससे ज्यादा
नई कविता
होने को।

102. बात हो सकती थी

कड़वाहट में कोई कमी महसूस नहीं हुई
बात हो गयी जितनी सच हो सकती थी।
एक दिवार झूठ की बन तो गयी दरमियाँ
बात फिर भी बहुत कुछ हो सकती थी।
गर गुनाह हुआ भी है तो मुझको मालूम है
कोई सज़ा इससे भी अच्छी हो सकती थी।
कोशिश हमने की पर तुम सा न कर सके
मोहब्बत इससे और अच्छी हो सकती थी।
जान देने की बात थी बात ही तक रह गयी
ज़िन्दगी भर साथ देने की बात हो सकती थी।

103. आबाद मैं हूँ

इक इंसान की तरह मुझको समझा जाये
मैं दोस्त या दुश्मन जो कुछ हूँ बाद में हूँ।
मेरी बात को बात की तरह समझा जाये
मैं रहता कभी ग़म में हूँ, कभी शाद में हूँ।
मेरा हाल मैं खुद को ही बताता नहीं कभी
मैं इस बेहाल दुनिया की बड़ी तादाद में हूँ।
मैं तुम्हें मिला हूँ सम्भाल के रख लो कहीं
बड़ी ही मुश्किल से अब तक आबाद मैं हूँ।

104. ज़िंदगी है और प्यार है

वो हरफ़नमौला था
बेहद मस्तमौला था
हारना फ़ितरत नहीं
जीतना मुमकिन नहीं
परवाह को किये बिना
ज़िन्दगी जिये बिना
वो जा रहा था रात में
सन्नाटा उसकी बात में
कोई मिला कुछ देर को
बैठा वहीं मुँह फेर वो
सब्र कर मंजिल पायेगा
जो गया फिर न आयेगा
तू फल की चिंता छोड़ दे
आँधी को उल्टा मोड़ दे
खुशियाँ और दुख तो सौत हैं
यहाँ सबसे सच्ची मौत है।
फिर दोनों उठ कर चल पड़े
कुछ हादसे थे वहीं खड़े
अब मौत थोड़ी दूर थी
न आने को मजबूर थी

वो लड़ने को उठ चल पड़ा
दुःख सदमे से उछल पड़ा
अब जीत है न हार है
ज़िन्दगी है और प्यार है।

105. गाँव हो जाऊंगा

तालाब किनारे पीपल की
ठंढी-ठंढी सी छांव जैसी
हूँ रात शहर का मैं उदास
तुम हो भोर गाँव जैसी
तुम ऐसे ही मेरे साथ रहो
मैं कहीं नहीं जा पाऊँगा
रहकर के तुम्हारे साथ में
मैं तुम जैसा हो जाऊँगा।
जो सन्नाटा तुम लाओगी
उसमें ना शोर मिलाऊँगा
समूचा शहर मिटा कर मैं
छोटा सा गाँव हो जाऊँगा।

106. चाहने भर से

मोहब्बत इतना भी न करो अभी मिलना होगा नहीं
बहुत कुछ चाहने भर से तो पूरा कुछ होगा नहीं
तुम सारी रात रहोगे बेचैन और चाँद से बातें करोगे
तुम्हें लगेगा के सब ठीक है असल में ठीक होगा नहीं
वो मिलेंगे ख़्वाब में और थोड़ा सुकूं मिलेगा शायद
लेकिन नींद आयेगी नहीं और ख़्वाब पूरा होगा नहीं
सबर से काम लो अभी ये पहली मोहब्बत है तुम्हारी
ज़िन्दगी में बहुत कुछ होगा मगर दोबारा ये होगा नहीं
और आख़िरी साँस तक तुम जिसे ढूँढते फिरोगे दोस्त
तुम्हें लगेगा वो सिर्फ़ तुम्हारा है पर तुम्हारा होगा नहीं
मेरी दास्तान तुम्हें सुना देता मेरे लिये भी ज़रूरी है
उसका नाम आयेगा और ये काम मुझसे होगा नहीं

107. पहले और बाद

वह अकेला था
पता चलने के
पहले भी और
पता चलने के
बहुत बाद तक।
पता चलने तक
ग़लतफ़हमियाँ
साथ रहती थीं
और बाद में उनकी
यादें साथ हो गयीं।
पूर्णतः अकेला
होकर जब वो उड़ा
तो उसके साथ
वो खुद भी नहीं था।

108. केवल सुना गया

केवल सुना गया,
पहली बार में ही
पूरा समझा जाना था।
और फिर सभी से
उस समझ को
साझा किया जाना था।
लेकिन दोबारा वही कहा गया
जो कहा गया था पहली बार
और फिर से सुना गया
समझना अभी भी शेष है।
समझने की कहानी से
किसी को लेना देना नहीं है
समझ से लेना देना था और रहेगा।
कहने सुनने की प्रक्रिया का अंत
प्रक्रिया के प्रारम्भ में ही तय हो गया।

109. दो ही पागल रहते थे

एक बोलता ही नहीं था कभी
और दूसरा चुप नहीं रहता था
गाँव में दो ही पागल रहते थे
कोई भी चैन से नहीं रहता था।
पहले से बोलने की उम्मीद में
दूसरे से चुप होने की उम्मीद में
पूरा गाँव पगलाया रहता था
पर गाँव में दो ही पागल रहते थे।

110. मौज और रवानी

अभी-अभी आये हो ज़रा ठहरो
ये हकीकत है कोई कहानी नहीं है
यहाँ भी सब पहले जैसा है मालिक
तुम्हें भ्रम है के जगह पुरानी नहीं है।
बहुत जुनून है के सूरज ढलेगा नहीं
तुम्हारे बेहद थक जाने तक क्षितिज में,
अभी अभी गया है तुम जैसा कोई
जिसे लगा था उसका कोई सानी नहीं है।
अभी उत्साह है आजमा लोगे ज़ोर
और कोशिश करोगे नदी को रोकने की
लाशों के ढेर में जाकर यक़ीन हो जाएगा
ऐसी कोई मौज नहीं जिसकी रवानी नहीं है।

111. साथ बैठे रह जाना

पत्ते कभी उसके ऊपर तो
कभी आस पास गिरते थे
वो बैठा रहा थोड़ी देर
उस पेड़ की छाँव में
मैं पहुँचा तो वो उठ खड़ा हुआ
जैसे कि वहाँ, हम में से
कोई एक ही रह सकता हो
या एक जैसा केवल एक
अब इंतज़ार है मुझे
किसी मेरे जैसे के आने का
मेरे खड़े होकर जाने का
या साथ में बैठे रह जाने का।

112. पोटली और इश्क़

मौत की पोटली में
ज़िन्दगी को रख दिया
भूल गये मार कर
ताला उसके इश्क़ का
पोटली फटी हुई
न मर सके न जी सके
हाल अब न पूछिए
ना मेरा ही ना इश्क़ का
टूटे चाहे खुल जाये
कम्बख़्त कुछ तो हो जाये
कब तक चलेगा सिलसिला
इस पोटली और इश्क़ का।

113. मेरे देखने सुनने में

मेरे देखने-सुनने में यही आया
कि वो एक छोटा सा कंकड़
चट्टान से टूटा और अलग हुआ
धरती पर गिरा और आवाज़ हुई
उस चट्टान से अलग हो जाना
उसके दुःख का कारण बना
जो बहुत पहले इस धरती से
कंकड़ जैसे टूटकर अलग हुआ था।
मूक धरती, मूक चट्टान, मूक कंकड़
कितना कुछ कहना चाहते थे
मेरे देखने-सुनने में बस यही आया।

धन्यवाद

www.ingramcontent.com/pod-product-compliance
Lightning Source LLC
Chambersburg PA
CBHW031328160726

47993CB00002B/592